526

X   X 5248

PETIT OUVRAGE

DESTINÉ A FACILITER AUX ENFANS

LA DÉCLINAISON DES NOMS

ET LA

CONJUGAISON DES VERBES,

Par Nicolas-Joseph SOMMER,

CHARGÉ D'UNE DIVISION DE LA CLASSE ÉLÉMENTAIRE AU COLLÉGE ROYAL DE TOURNON.

A TOURNON,
DE L'IMPRIMERIE DE P.-R. GUILLET.

1830.

Les formalités ayant été remplies, je déclare que je poursuivrai les contrefacteurs, selon toute la rigueur des lois, pour tout exemplaire de cet ouvrage qui ne porterait pas ma signature.

DÉCLINAISONS SIMPLIFIÉES.

PREMIÈRE DÉCLINAISON.

Les noms de la première déclinaison sont ceux qui ont le génitif singulier en *æ*.

MODÈLE DE LA PREMIÈRE DÉCLINAISON.

Singulier.

Nominatif et *Vocatif.* Ros-a la rose et ô rose.
Génitif et *Datif.* Ros-æ de la rose et à la rose.
Accusatif. Ros-am la rose.
Ablatif. Ros-â de la rose.

Pluriel.

Nominatif et *Vocatif.* Ros-æ les roses et ô roses.
Génitif. Ros-arum des roses.
Datif et *Ablatif.* Ros-is aux roses et des roses.
Accusatif. Ros-as les roses.

DEUXIÈME DÉCLINAISON.

Les noms de la deuxième déclinaison sont ceux qui ont le génitif singulier en *i*.

MODÈLE DE LA DEUXIÈME DÉCLINAISON.

Nominatif. Domin-us le seigneur.
Génitif. Domin-i du seigneur.
Dat. et *Abl.* Domin-o au seigneur et du seigneur.
Accusatif. Domin-um le seigneur.
Vocatif. Domin-e ô seigneur.

Nom. et *Voc.* Domin-i les seigneurs et ô seigneurs.
Génitif. Domin-orum des seigneurs.
Dat. et *Abl.* Domin-is aux seigneurs et des seigneurs.
Accusatif. Domin-os les seigneurs.

AUTRE MODÈLE.

Nom. et *Voc.* Puer l'enfant et ô enfant.
Génitif. Puer-i de l'enfant.
Dat. et *Abl.* Puer-o à l'enfant et de l'enfant.
Accusatif. Puer-um l'enfant.

Nom. et *Voc.* Puer-i les enfans.
Génitif. Puer-orum des enfans.
Dat. et *Abl.* Puer-is aux enfans et des enfans.
Accusatif. Puer-os les enfans.

MODÈLE DES NOMS NEUTRES DE LA DEUXIÈME DÉCLINAISON.

Nom., *Acc.* et *Voc.* Templ-um le temple et ô temple.
Génitif. Templ-i du temple.
Datif et *Ablatif.* Templ-o au temple et du temple.

Nom., *Acc.* et *Voc.* Templ-a les temples et ô temples.
Génitif. Templ-orum des temples.
Datif et *Ablatif.* Templ-is aux temples et des templ.

TROISIÈME DÉCLINAISON.

Les noms de la troisième déclinaison sont ceux qui ont le génitif singulier terminé en *is*.

MODÈLE DE LA TROISIÈME DÉCLINAISON.

Nom. et *Voc.* Homo l'homme et ô homme.
Génitif. Homin-is de l'homme.
Datif. Homin-i à l'homme.
Accusatif. Homin-em l'homme.
Ablatif. Homin-e de l'homme.

Nom., *Acc.* et *Voc.* Homin-es les hommes et ô hommes.
Génitif. Homin-um des hommes.
Datif et *Ablatif.* Homin-ibus aux hommes et des hommes.

AUTRE MODÈLE.

Nom., *Gén.* et *V.* Coll-is la colline, de la colline et ô colline.
Datif. Coll-i à la colline.
Accusatif. Coll-em la colline.
Ablatif. Coll-e de la colline.

Nom., *Acc.* et *Voc.* Coll-es les collines et ô collines.
Génitif. Coll-ium des collines.
Datif et *Ablatif.* Coll-ibus aux collines et des collines.

MODÈLE DES NOMS NEUTRES DE LA TROISIÈME DÉCLINAISON.

Nom., *Acc.* et *Voc.* Munus le présent et ô présent.
Génitif. Muner-is du présent.
Datif. Muner-i au présent.
Ablatif. Muner-e du présent.

Nom., *Acc.* et *Voc.* Muner-a les présens et ô prés.
Génitif. Muner-um des présens.
Datif et *Ablatif.* Muner-ibus aux présens et des présens.

QUATRIÈME DÉCLINAISON.

Les noms de la quatrième déclinaison sont ceux qui ont le génitif singulier terminé en *ûs*.

MODÈLE DES NOMS DE LA QUATRIÈME DÉCLINAISON.

Nom. et *Voc.* Man-us la main et ô main.
Génitif. Man-ûs de la main.
Datif. Man-ui à la main.
Accusatif. Man-um la main.
Ablatif. Man-u de la main.

Nom., *Acc.* et *Voc.* Man-us les mains et ô mains.
Génitif. Man-uum des mains.
Datif et *Ablatif.* Man-ibus aux mains et des mains.

MODÈLE DES NOMS NEUTRES DE LA QUATRIÈME DÉCLINAISON.

Tous les cas du singulier sont semblables.

Nom., *Acc.* et *Voc.* Corn-ua les cornes.
Génitif. Corn-uum des cornes.
Datif et *Ablatif.* Corn-ibus aux cornes et des cor.

CINQUIÈME DÉCLINAISON.

Les noms de la cinquième déclinaison sont ceux qui ont le génitif singulier terminé en *ei*.

MODÈLE DES NOMS DE LA CINQUIÈME DÉCLINAISON.

Nom. et *Voc.* Di-es le jour et ô jour.
Gén. et *Dat.* Di-ei du jour et au jour.
Accusatif. Di-em le jour.
Ablatif. Di-e du jour.

Nom., *Acc.* et *Voc.* Di-es les jours et ô jours.
Génitif. Di-erum des jours.
Datif et *Ablatif.* Di-ebus aux jours et des jours.

ADJECTIFS.

Les adjectifs qui ont trois terminaisons se déclinent exactement sur *domin-us* ou *puer*, *ros-a* et *templ-um*.

MODÈLE DES ADJECTIFS QUI ONT DEUX TERMINAISONS.

Singulier.

Masculin et féminin.
Nom., *Voc.* et *Gén.* Fort-is.
Datif et *Ablatif.* Fort-i.
Accusatif. Fort-em.

Neutre.
Nom., *Voc.* et *Acc.* Fort-e courageux, courageuse.
Génitif. Fort-is.
Datif et *Ablatif.* Fort-i.

Pluriel.

Masculin et féminin.
Nom., *Voc.* et *Acc.* Fort-es.
Génitif. Fort-ium pour les trois genres.
Datif et *Ablatif.* Fort-ibus pour les trois genres.

Neutre.
Nom., *Voc.* et *Acc.* Fort-ia courageux, courageuses.

MODÈLE DES ADJECTIFS QUI ONT TROIS TERMINAISONS AU NOMINATIF ET AU VOCATIF, ET QUI N'EN ONT QUE DEUX DANS LES AUTRES CAS.

Singulier.

Masculin.		Féminin.		Neutre.	
Nom. et *Voc.*	Celeber.	*Nom., Gén.* et *Voc.*	Celebr-is.	*Nom., Voc.* et *Acc.*	Celebr-e célèbre.
Génitif.	Celebr-is.	*Datif* et *Ablatif.*	Celebr-i.	*Génitif.*	Celebr-is.
Dat. et *Abl.*	Celebr-i.	*Accusatif.*	Celebr-em.	*Datif* et *Ablatif.*	Celebr-i.
Accusatif.	Celebr-em.				

Pluriel.

Masculin et féminin.		Neutre.
Nom., Voc. et *Acc.*	Celebr-es.	Celebr-ia célèbres.
Génitif.	Celebr-ium pour les trois genres.	
Datif et *Ablatif.*	Celebr-ibus pour les trois genres.	

MODÈLE DES ADJECTIFS QUI N'ONT QU'UNE SEULE TERMINAISON AU NOMINATIF SINGULIER.

Singulier.

Masculin et féminin.		Neutre.
Nom. et *Voc.*	Sapiens.	*Nom, Voc.* et *Acc.* Sapiens sage.
Génitif.	Sapient-is pour les trois genres.	
Datif.	Sapient-i pour les trois genres.	
Accusatif.	Sapient-em.	
Ablatif.	Sapient-e pour les trois genres.	

Pluriel.

Masculin et féminin.		Neutre.
Nom., Voc. et *Acc.*	Sapient-es.	Sapient-ia sages.
Génitif.	Sapient-ium.	
Datif et *Ablatif.*	Sapient-ibus.	

MANIÈRE DE CONJUGUER LES VERBES DE FORME ACTIVE.

TEMPS PRIMITIFS.

Premier Modèle.   *Deuxième Modèle.*   *Troisième Modèle.*

INDICATIF.

PRÉSENT.	PRÉSENT.	PRÉSENT.
Am-o j'aime.	Mon-eo j'avertis.	Leg-o je lis.
am-as tu aimes.	mon-es tu avertis.	leg-is tu lis.
am-at il aime.	mon-et il avertit.	leg-it il lit.
am-amus nous aimons.	mon-emus nous avertissons.	leg-imus nous lisons.
am-atis vous aimez.	mon-etis vous avertissez.	leg-itis vous lisez.
am-ant ils aiment.	mon-ent ils avertissent.	leg-unt ils lisent.

Pluriel, singul.

TEMPS FORMÉS DU PRÉSENT DE L'INDICATIF.

IMPARFAIT.	IMPARFAIT.	IMPARFAIT.
Am-abam j'aimais.	Mon-ebam j'avertissais.	Leg-ebam je lisais.
am-abas tu aimais.	mon-ebas tu avertissais.	leg-ebas tu lisais.
am-abat il aimait.	mon-ebat il avertissait.	leg-ebat il lisait.
am-abamus nous aimions.	mon-ebamus nous avertissions.	leg-ebamus nous lisions.
am-abatis vous aimiez.	mon-ebatis vous avertissiez.	leg-ebatis vous lisiez.
am-abant ils aimaient.	mon-ebant ils avertissaient.	leg-ebant ils lisaient.

FUTUR.	FUTUR.	FUTUR.
Am-abo j'aimerai.	Mon-ebo j'avertirai.	Leg-am je lirai.
am-abis tu aimeras.	mon-ebis tu avertiras.	leg-es tu liras.
am-abit il aimera.	mon-ebit il avertira.	leg-et il lira.
am-abimus nous aimerons.	mon-ebimus nous avertirons.	leg-emus nous lirons.
am-abitis vous aimerez.	mon-ebitis vous avertirez.	leg-etis vous lirez.
am-abunt ils aimeront.	mon-ebunt ils avertiront.	leg-ent ils liront.

PARTICIPE.

PRÉSENT.	PRÉSENT.	PRÉSENT.
Am-ans aimant, qui aime *ou* qui aimait.	Mon-ens avertissant.	Leg-ens lisant.

GÉRONDIFS.

Am-andi d'aimer.	Mon-endi d'avertir.	Leg-endi de lire.
am-ando en aimant.	mon-endo en avertissant.	leg-endo en lisant.
am-andum d'aimer *ou* pour aimer.	mon-endum à avertir *ou* pour avert.	leg-endum à lire *ou* pour lire.

SUBJONCTIF.

PRÉSENT.	PRÉSENT.	PRÉSENT.
Am-em que j'aime.	Mon-eam que j'avertisse.	Leg-am que je lise.
am-es que tu aimes.	mon-eas que tu avertisses.	leg-as que tu lises.
am-et qu'il aime.	mon-eat qu'il avertisse.	leg-at qu'il lise.
am-emus que nous aimions.	mon-eamus que nous avertissions.	leg-amus que nous lisions.
am-etis que vous aimiez.	mon-eatis que vous avertissiez.	leg-atis que vous lisiez.
am-ent qu'ils aiment.	mon-eant qu'ils avertissent.	leg-ant qu'ils lisent.

Les verbes qui ont le présent de l'indicatif en o, et la 2e personne du présent de l'indicatif en as, prennent la terminaison de la 1re colonne. | Les verbes qui ont le présent de l'indicatif en eo, et la 2e personne du présent de l'indic. en es, prennent la terminaison de la 2e colonne. | Les verbes qui ont le présent de l'indicatif en o, et la 2e personne du présent de l'indicatif en is, prennent la terminaison de la 3e colonne.

VERBES QUI VONT SUR LA 1re COLON.	VERBES QUI VONT SUR LA 2e COLON.	VERBES QUI VONT SUR LA 3e COLON.
Indicatif présent. Vituper-o.	*Indicatif présent.* Doc-eo.	*Indicatif présent.* Cognosc-o.
2me *Pers.* Vituper-as.	2me *Pers.* Doc-es.	2me *Pers.* Cognosc-is.
Indicatif présent. D-o.	*Indicatif présent.* Impl-eo.	*Indicatif présent.* Scrib-o.
2me *Pers.* D-as.	2me *Pers.* Impl-es.	2me *Pers.* Scrib-is.

Quatrième Modèle.

PRÉSENT.

Aud-io j'entends.
aud-is tu entends.
aud-it il entend.
aud-imus nous entendons.
aud-itis vous entendez.
aud-iunt ils entendent.

IMPARFAIT.

Aud-iebam j'entendais.
aud-iebas tu entendais.
aud-iebat il entendait.
aud-iebamus nous entendions.
aud-iebatis vous entendiez.
aud-iebant ils entendaient.

FUTUR.

Aud-iam j'entendrai.
aud-ies tu entendras.
aud-iet il entendra.
aud-iemus nous entendrons.
aud-ietis vous entendrez.
aud-ient ils entendront.

PRÉSENT.

Aud-iens entendant.

Aud-iendi d'entendre.
aud-iendo en entendant.
aud-iendum à entendre *ou* pour ent.

PRÉSENT.

Aud-iam que j'entende.
aud-ias que tu entendes.
aud-iat qu'il entende.
aud-iamus que nous entendions.
aud-iatis que vous entendiez.
aud-iant qu'ils entendent.

Les verbes qui ont le présent de l'indicatif en io, *et la* 2ᵉ *personne du présent de l'indicatif en* is, *prennent la terminaison de la* 4ᵉ *colonne.*

VERBES QUI VONT SUR LA 4ᵉ COLON.

Prés. de l'ind. Pun-io.
2ᵉ *Personne.* Pun-is.
Prés. de l'ind. Len-io.
2ᵉ *Personne.* Len-is.

TEMPS PRIMITIF.

Premier Modèle.   *Deuxième Modèle.*

INDICATIF.

PARFAIT.   **PARFAIT.**

Am-avi j'ai aimé.   Mon-ui j'ai averti.
am-avisti tu as aimé.   mon-uisti tu as averti.
am-avit il a aimé.   mon-uit il a averti.
am-avimus nous avons aimé.   mon-uimus nous avons averti.
am-avistis vous avez aimé.   mon-uistis vous avez averti.
am-averunt *ou* am-avére ils ont aimé.   mon-uerunt *ou* mon-uére ils ont averti.

TEMPS FORMÉS DU PARFAIT DE L'INDICATIF.

PLUS-QUE-PARFAIT.   **PLUS-QUE-PARFAIT.**

Am-averam j'avais aimé.   Mon-ueram j'avais averti.
am-averas tu avais aimé.   mon-ueras tu avais averti.
am-averat il avait aimé.   mon-uerat il avait averti.
am-averamus nous avions aimé.   mon-ueramus nous avions averti.
am-averatis vous aviez aimé.   mon-ueratis vous aviez averti.
am-averant ils avaient aimé.   mon-uerant ils avaient averti.

FUTUR PASSÉ.   **FUTUR PASSÉ.**

Am-avero j'aurai aimé.   Mon-uero j'aurai averti.
am-averis tu auras aimé.   mon-ueris tu auras averti.
am-averit il aura aimé.   mon-uerit il aura averti.
am-averimus nous aurons aimé.   mon-uerimus nous aurons averti.
am-averitis vous aurez aimé.   mon-ueritis vous aurez averti.
am-averint ils auront aimé.   mon-uerint ils auront averti.

SUBJONCTIF.

PARFAIT.   **PARFAIT.**

Am-averim que j'aie aimé.   Mon-uerim que j'aie averti.
am-averis que tu aies aimé.   mon-ueris que tu aies averti.
am-averit qu'il ait aimé.   mon-uerit qu'il ait averti.
am-ayerimus que nous ayons aimé.   mon-uerimus que nous ayons averti.
am-averitis que vous ayez aimé.   mon-ueritis que vous ayez averti.
am-averint qu'ils aient aimé.   mon-uerint qu'ils aient averti.

PLUS-QUE-PARFAIT.   **PLUS-QUE-PARFAIT.**

Am-avissem que j'eusse aimé.   Mon-uissem que j'eusse averti.
am-avisses que tu eusses aimé.   mon-uisses que tu eusses averti.
am-avisset qu'il eût aimé.   mon-uisset qu'il eût averti.
am-avissemus que nous eussions aimé.   mon-uissemus que nous eussions averti.
am-avissetis que vous eussiez aimé.   mon-uissetis que vous eussiez averti.
am-avissent qu'ils eussent aimé.   mon-uissent qu'ils eussent averti.

INFINITIF.

PARFAIT.   **PARFAIT.**

Am-avisse avoir aimé.   Mon-uisse avoir averti.

Les verbes qui ont le parfait de l'indicatif en avi, prennent la terminaison de la 1re colonne.   *Les verbes qui ont le parfait de l'indicatif en ui, prennent la terminaison de la 2me colonne.*

VERBES QUI VONT SUR LA 1re COLONNE.   **VERBES QUI VONT SUR LA 2me COLONNE.**

Vituper-avi.   Doc-ui.
Laud-avi.   Ten-ui.
Accus-avi.   Terr-ui.
Prob-avi.   Tim-ui.

Troisième Modèle.

PARFAIT.

Leg-i j'ai lu.
leg-isti tu as lu.
leg-it il a lu.
leg-imus nous avons lu.
leg-istis vous avez lu.
leg-erunt *ou* leg-ère ils ont lu.

PLUS-QUE-PARFAIT.

Leg-eram j'avais lu.
leg-eras tu avais lu.
leg-erat il avait lu.
leg-eramus nous avions lu.
leg-eratis vous aviez lu.
leg-erant ils avaient lu.

FUTUR PASSÉ.

Leg-ero j'aurai lu.
leg-eris tu auras lu.
leg-erit il aura lu.
leg-erimus nous aurons lu.
leg-eritis vous aurez lu.
leg-erint ils auront lu.

PARFAIT

Leg-erim que j'aie lu.
leg-eris que tu aies lu.
leg-erit qu'il ait lu.
leg-erimus que nous ayons lu.
leg-eritis que vous ayez lu.
leg-erint qu'ils aient lu.

PLUS-QUE-PARFAIT.

Leg-issem que j'eusse lu.
leg-isses que tu eusses lu.
leg-isset qu'il eût lu.
leg-issemus que nous eussions lu.
leg-issetis que vous eussiez lu.
leg-issent qu'ils eussent lu.

PARFAIT.

Leg-isse avoir lu.

Les verbes qui ont le parfait de l'indicatif en i., prennent la terminaison de la 3.me colonne.

VERBES QUI VONT SUR LA 3.me COLONNE.

Ded-i.
Scrips-i.
Fav-i.

Quatrième Modèle.

PARFAIT.

Aud-ivi j'ai entendu.
aud-ivisti tu as entendu.
aud-ivit il a entendu.
aud-ivimus nous avons entendu.
aud-ivistis vous avez entendu.
aud-iverunt *ou* aud-ivère ils ont entendu.

PLUS-QUE-PARFAIT.

Aud-iveram j'avais entendu.
aud-iveras tu avais entendu.
aud-iverat il avait entendu.
aud-iveramus nous avions entendu.
aud-iveratis vous aviez entendu.
aud-iverant ils avaient entendu.

FUTUR PASSÉ.

Aud-ivero j'aurai entendu.
aud-iveris tu auras entendu.
aud-iverit il aura entendu.
aud-iverimus nous aurons entendu.
aud-iveritis vous aurez entendu.
aud-iverint ils auront entendu.

PARFAIT.

Aud-iverim que j'aie entendu.
aud-iveris que tu aies entendu.
aud-iverit qu'il ait entendu.
aud-iverimus que nous ayons entendu.
aud-iveritis que vous ayez entendu.
aud-iverint qu'ils aient entendu.

PLUS-QUE-PARFAIT.

Aud-ivissem que j'eusse entendu.
aud-ivisses que tu eusses entendu.
aud-ivisset qu'il eût entendu.
aud-ivissemus que nous eussions entendu.
aud-ivissetis que vous eussiez entendu.
aud-ivissent qu'ils eussent entendu.

PARFAIT.

Aud-ivisse avoir entendu.

Les verbes qui ont le parfait de l'indicatif en ivi prennent la terminaison de la 4.me colonne.

VERBES QUI VONT SUR LA 4.me COLONNE.

Mun-ivi.
Sepel-ivi.
Pun-ivi.

TEMPS PRIMITIF.

Premier Modèle.	*Deuxième Modèle.*	*Troisième Modèle.*

INFINITIF.

PRÉSENT.	PRÉSENT.	PRÉSENT.
Am-are aimer.	Mon-ere avertir.	Leg-ere lire.

TEMPS FORMÉS DU PRÉSENT DE L'INFINITIF.

IMPÉRATIF.

Am-a *ou* ato aime.	Mon-e *ou* eto avertis.	Leg-e *ou* ito lis.
am-ato (ille) qu'il aime.	mon-eto (ille) qu'il avertisse.	leg-ito (ille) qu'il lise.
am-emus aimons.	mon-eamus avertissons.	leg-amus lisons.
am-ate *ou* atote aimez.	mon-ete *ou* etote avertissez.	leg-ite *ou* itote lisez.
am-anto qu'ils aiment.	mon-ento qu'ils avertissent.	leg-unto qu'ils lisent.

SUBJONCTIF.

IMPARFAIT.	IMPARFAIT.	IMPARFAIT.
Am-arem que j'aimasse.	Mon-erem que j'avertisse.	Leg-erem que je lusse.
am-ares que tu aimasses.	mon-eres que tu avertisses.	leg-eres que tu lusses.
am-aret qu'il aimât.	mon-eret qu'il avertît.	leg-eret qu'il lût.
am-aremus que nous aimassions.	mon-eremus que nous avertissions.	leg-eremus que nous lussions.
am-aretis que vous aimassiez.	mon-eretis que vous avertissiez.	leg-eretis que vous lussiez.
am-arent qu'ils aimassent.	mon-erent qu'ils avertissent.	leg-erent qu'ils lussent.

Les verbes qui ont l'infinitif en are, prennent la terminaison de la première colonne.	*Les verbes qui ont l'infinitif en ere, et la 2me pers. du prés. de l'ind. en es, prennent la terminaison de la deuxième colonne.*	*Les verbes qui ont l'infinitif en ere, et la 2me pers. du prés. de l'ind. en is, prennent la terminaison de la troisième colonne.*

VERBES QUI VONT SUR LA 1re COLON.	VERBES QUI VONT SUR LA 2e COL.	VERBES QUI VONT SUR LA 3e COL.
Vituper-are.	*Infinitif.* Tim-ere.	*Infinitif.* Vinc-ere.
Fug-are.	2e *Pers.* Tim-es.	2e *Pers.* Vinc-is.
Prob-are.	*Infinitif.* Impl-ere.	*Infinitif.* Cognosc-ere.
Pugn-are.	2e *Pers.* Impl-es.	2e *Pers.* Cognosc-is.
Narr-are.	*Infinitif.* Ten-ere.	*Infinitif.* Scrib-ere.
	2e *Pers.* Ten-es.	2e *Pers.* Scrib-is.

Quatrième Modèle.

PRÉSENT.

Aud-ire entendre.

Aud-i *ou* ito entends.
aud-ito qu'il entende.
aud-iamus entendons.
aud-ite *ou* itote entendez.
aud-iunto qu'ils entendent.

PRÉSENT.

Aud-irem, que j'entendisse.
aud-ires que tu entendisses.
aud-iret qu'il entendît.
aud-iremus que nous entendissions.
aud-iretis que vous entendissiez.
aud-irent qu'ils entendissent.

Les verbes qui ont l'infinitif en ire, prennent la terminaison de la quatrième colonne.

VERBES QUI VONT SUR LA 4ᵉ COLONNE.
Mun-ire.
Pun-ire.
Sepel-ire.
Haur-ire.

Cinquième Modèle.

PRÉSENT.

Accip-ere recevoir.

Accip-e *ou* ito reçois.
accip-ito (ille) qu'il reçoive.
accip-iamus, recevons.
accip-ite *ou* itote recevez.
accip-iunto qu'ils reçoivent.

PRÉSENT.

Accip-erem que je reçusse.
accip-eres que tu reçusses.
accip-eret qu'il reçût.
accip-eremus que nous reçussions.
accip-eretis que vous reçussiez.
accip-erent qu'ils reçussent.

Les verbes qui ont l'infinitif en ere, et le présent de l'indicatif en io, prennent la terminaison de la cinquième colonne.

VERBES QUI VONT SUR LA 5ᵉ COLONNE.
Infinitif. Percip-ere.
1ʳᵉ *Pers.* Percip-io.
Infinitif. Cap-ere.
1ʳᵉ *Pers.* Cap-io.
Infinitif. Fug-ere.
1ʳᵉ *Pers.* Fug-io.

TEMPS PRIMITIF.

Premier Modèle.   *Deuxième Modèle.*

SUPIN.

Am-atum à aimer.   Mon-itum à avertir.

TEMPS FORMÉS DU SUPIN.

INFINITIF.

FUTUR.   FUTUR.

Am-aturum esse devoir aimer.   Mon-iturum esse devoir avertir.

FUTUR PASSÉ.   FUTUR PASSÉ.

Am-aturum fuisse avoir dû aimer.   Mon-iturum fuisse avoir dû avertir.

PARTICIPE.

FUTUR.   FUTUR.

Am-aturus devant aimer.   Mon-iturus devant avertir.

Les verbes qui ont le supin en atum, prennent la terminaison de la première colonne.   Les verbes qui ont le supin en itum, prennent la terminaison de la deuxième colonne.

VERBES QUI VONT SUR LA 1re COLONNE.   VERBES QUI VONT SUR LA 2me COLONNE.

Vituper-atum.   Cogn-itum.
D-atum.   Terr-itum.
Prob-atum.   Fin-itum.
Laud-atum.   Conterr-itum.
                                      Exst-itum.

Quatrième Modèle.

Lect-um à lire.

FUTUR.
Lect-urum esse devoir lire.

FUTUR PASSÉ.
Lect-urum fuisse avoir dû lire.

FUTUR.
Lect-urus devant lire.

Les verbes qui ont le supin en um, *prennent la terminaison de la troisième colonne.*

VERBES QUI VONT SUR LA 3e COLONNE.

Demiss-um.
Vict-um.
Haust-um.
Perfect-um.

VERBES DE FORME PASSIVE.

(Dans les verbes de forme passive on suit à-peu-près la même marche que dans ceux de forme active).

Premier Modèle.	Deuxième Modèle.	Troisième Modèle.

INDICATIF.

PRÉSENT.	PRÉSENT.	PRÉSENT.
Am-or je suis aimé.	Mon-eor je suis averti.	Leg-or je suis lu.
am-aris *ou* are tu es aimé.	mon-eris *ou* ere tu es averti.	leg-eris *ou* ere tu es lu.
am-atur il est aimé.	mon-etur il est averti.	leg-itur il est lu.
am-amur nous sommes aimés.	mon-emur nous sommes avertis.	leg-imur nous sommes lus.
am-amini vous êtes aimés.	mon-emini vous êtes avertis.	leg-imini vous êtes lus.
am-antur ils sont aimés.	mon-entur ils sont avertis.	leg-untur ils sont lus.

IMPARFAIT.	IMPARFAIT.	IMPARFAIT.
Am-abar j'étais aimé.	mon-ebar j'étais averti.	Leg-ebar j'étais lu.
am-abaris tu étais aimé.	mon-ebaris tu étais averti.	leg-ebaris tu étais lu.
am-abatur il était aimé.	mon-ebatur il était averti.	leg-ebatur il était lu.
am-abamur nous étions aimés.	mon-ebamur nous étions avertis.	leg-ebamur nous étions lus.
am-abamini vous étiez aimés.	mon-ebamini vous étiez avertis.	leg-ebamini vous étiez lus.
am-abantur ils étaient aimés.	mon-ebantur ils étaient avertis.	leg-ebantur ils étaient lus.

FUTUR.	FUTUR.	FUTUR.
Am-abor je serai aimé.	Mon-ebor je serai averti.	Leg-ar je serai lu.
am-aberis *ou* aboris tu seras aimé.	mon-eberis tu seras averti.	leg-eris *ou* ere tu seras lu.
am-abitur il sera aimé.	mon-ebitur il sera averti.	leg-etur il sera lu.
am-abimur nous serons aimés.	mon-ebimur nous serons avertis.	leg-emur nous serons lus.
am-abimini vous serez aimés.	mon-ebimini vous serez avertis.	leg-emini vous serez lus.
am-abuntur ils seront aimés.	mon-ebuntur ils seront avertis.	leg-entur ils seront lus.

SUBJONCTIF.

PRÉSENT.	PRÉSENT.	PRÉSENT.
Am-er que je sois aimé.	Mon-ear que je sois averti.	Leg-ar que je sois lu.
am-eris *ou* ere que tu sois aimé.	mon-earis que tu sois averti.	leg-aris que tu sois lu.
am-etur qu'il soit aimé.	mon-eatur qu'il soit averti.	leg-atur qu'il soit lu.
am-emur que nous soyons aimés.	mon-eamur que nous soyons av.	leg-amur que nous soyons lus.
am-emini que vous soyez aimés.	mon-eamini que vous soyez avert.	leg-amini que vous soyez lus.
am-entur qu'ils soient aimés.	mon-eantur qu'ils soient avertis.	leg-antur qu'ils soient lus.

INFINITIF.

FUTUR PASSÉ.	FUTUR PASSÉ.	FUTUR PASSÉ.
Am-andum fuisse avoir dû-être aimé.	Mon-endum fuisse avoir dû être av.	Leg-endum fuisse avoir dû être lu.

PARTICIPE.

FUTUR.	FUTUR.	FUTUR.
Am-andus devant être aimé.	Mon-endus, a, um, devant être av.	Leg-endus devant être lu.

Les verbes qui ont l'infinitif actif en are, et la 2ᵉ personne du présent de l'indicatif en as, suivent la terminaison de la 1ʳᵉ colonne.	Les verbes qui ont l'infinitif actif en ere, et la 2ᵉ personne du présent de l'indicatif en es, suivent la termin. de la 2ᵉ colon.	Les verbes qui ont l'infinitif actif en ere, et la 2ᵉ personne du présent de l'indicatif en is, suivent la termin. de la 3ᵉ colon.

Quatrième Modèle.

PRÉSENT.

Aud-ior je suis entendu.
aud-iris *ou* ire tu es entendu.
aud-itur il est entendu.
aud-imur nous sommes entendus.
aud-imini vous êtes entendus.
aud-iuntur ils sont entendus.

IMPARFAIT.

Aud-iebar j'étais entendu.
aud-iebaris tu étais entendu.
aud-iebatur il était entendu.
aud-iebamur nous étions entendus.
aud-iebamini vous étiez entendus.
aud-iebantur ils étaient entendus.

FUTUR.

Aud-iar je serai entendu.
aud-ieris *ou* iere tu seras entendu.
aud-ietur il sera entendu.
aud-iemur nous serons entendus.
aud-iemini vous serez entendus.
aud-ientur ils seront entendus.

PRÉSENT.

Aud-iar que je sois entendu.
aud-iaris *ou* iare que tu sois entendu.
aud-iatur qu'il soit entendu.
aud-iamur que nous soyons entendus.
aud-iamini que vous soyez entendus.
aud-iantur qu'ils soient entendus.

FUTUR PASSÉ.

Aud-iendum fuisse avoir dû être ent.

FUTUR.

Aud-iendus devant être entendu.

Les verbes qui ont l'infinitif actif en ire, suivent la terminaison de la 4ᵉ colonne.

Pour les temps composés, on peut les voir dans la grammaire de Lhomond : ce sont le parfait, le plus-que-parfait, le futur passé, le parfait du subjonctif et le plus-que-parfait du subjonctif; ils sont composés du participe du verbe qu'on conjugue et du verbe *sum*.

Premier Modèle.	*Deuxième Modèle.*	*Troisième Modèle.*
	INFINITIF.	
PRÉSENT.	PRÉSENT.	PRÉSENT.
Am-ari être aimé.	Mon-eri être averti.	Leg-i être lu.
	IMPÉRATIF.	
Am-are *ou* ator sois aimé.	Mon-ere *ou* etor soit averti.	Leg-ere *ou* itor sois lu.
am-ator (ille) qu'il soit aimé.	mon-etor (ille) qu'il soit averti.	leg-itor (ille) qu'il soit lu.
am-emur soyons aimés.	mon-eamur soyons avertis.	leg-amur soyons lus.
am-amini soyez aimés.	mon-emini soyez avertis.	leg-emini soyez lus.
am-antor qu'ils soient aimés.	mon-entor qu'ils soient avertis.	leg-untor qu'ils soient lus.
	SUBJONCTIF.	
IMPARFAIT.	IMPARFAIT.	IMPARFAIT.
Am-arer que je fusse aimé.	Mon-erer que je fusse averti.	Leg-erer que je fusse lu.
am-areris *ou* arere que tu fusses aimé.	mon-ereris *ou* erere que tu fusses av.	leg-ereris *ou* erere que tu fusses lu.
am-aretur qu'il fût aimé.	mon-eretur qu'il fût averti.	leg-eretur qu'il fût lu.
am-aremur que nous fussions aimés.	mon-eremur que nous fussions av.	leg-eremur que nous fussions lus.
am-aremini que vous fussiez aimés.	mon-eremini que vous fussiez av.	leg-eremini que vous fussiez lus.
am-arentur qu'ils fussent aimés.	mon-erentur qu'ils fussent avert.	leg-erentur qu'ils fussent lus.
Les verbes qui ont l'infinitif actif en are, *prennent la terminaison de la* 1re *colonne.*	*Les verbes qui ont l'infinitif actif en* ere *et la 2e personne du présent de l'indicatif en* es, *prennent la termin. de la 2e colon.*	*Les verbes qui ont l'infinitif actif en* ere, *et la 2e personne du présent de l'indicatif en* is, *prennent la termin. de la 3e colonne.*
VERBES QUI PRENNENT LA TERMINAISON DE LA 1re COLONNE.	VERBES QUI PRENNENT LA TERMIN. DE LA 2e COLONNE.	VERBES QUI PRENNENT LA TERMINAIS. DE LA 3e COLONNE.
Vituper-ari.	Terr-eri.	Vinc-i.
Laud-ari.	Impl-eri.	Cognosc-i.
Prob-ari.	Ten-eri.	Scrib-i.
Verber-ari.		

Quatrième Modèle. *Cinquième Modèle.*

PRÉSENT. PRÉSENT.

Aud-iri être entendu. Accip-i être reçu.

Aud-ire *ou* itor sois entendu. Accip-ere *ou* itor sois reçu.
aud-itor (ille) qu'il soit entendu. accip-itor qu'il soit reçu.
aud-iamur soyons entendus. accip-iamur soyons reçus.
aud-imini soyez entendus. accip-imini soyez reçus.
aud-iuntor qu'ils soient entendus. accip-iuntor qu'ils soient reçus.

IMPARFAIT. IMPARFAIT.

Aud-irer que je fusse entendu. Accip-erer que je fusse reçu.
aud-ireris *ou* irere que tu fusses ent. accip-ereris *ou* erere que tu fusses reçu.
aud-iretur qu'il fût entendu. accip-eretur qu'il fût reçu.
aud-iremur que nous fussions entend. accip-eremur que nous fussions reçus.
aud-iremini que vous fussiez entend. accip-eremini que vous fussiez reçus.
aud-irentur qu'ils fussent entendus. accip-erentur.

Les verbes qui ont l'infinitif actif en ire, prennent la terminaison de la 4ᵉ colonne. *Les verbes qui ont l'infinitif actif en ere et la 1ʳᵉ personne du présent de l'indicatif en io, prennent la terminaison de la 5ᵉ colonne.*

VERBES QUI PRENNENT LA TERMINAISON DE LA 4ᵉ COLONNE. VERBES QUI PRENNENT LA TERMINAISON DE LA 5ᵉ COLONNE.

Mun-iri. Cap-i.
Sepel-iri. Percip-i.
Len-iri. Suscip-i.

Premier Modèle.	Deuxième Modèle.

SUPIN.

Am-atu à être aimé.	Mon-itu à être averti.

INFINITIF.

PARFAIT ET PLUS-QUE-PARFAIT.	PARFAIT ET PLUS-QUE-PARFAIT.
Am-atum fuisse avoir été aimé.	Mon-itum fuisse avoir été averti.
FUTUR.	FUTUR.
Am-atum iri devoir être aimé.	Mon-itum iri devoir être averti.

PARTICIPE.

PASSÉ.	PASSÉ.
Am-atus, a, um, ayant été aimé.	Mon-itus, a, um, ayant été averti.

Les verbes qui ont le supin actif en atum prennent la terminaison de la 1re colonne.	Les verbes qui ont le supin actif en itum prennent la terminaison de la 2me colonne.
VERBES QUI PRENNENT LA TERMINAISON DE LA 1re COLONNE.	VERBES QUI PRENNENT LA TERMINAISON DE LA 2me COLONNE.
Vituper-atum.	Aud-itum.
Laud-atum.	Mun-itum.
D-atum.	Fin-itum.
	Cogn-itum.

Troisième Modèle.

Lect-u à être lu.

PARFAIT ET PLUS-QUE-PARFAIT.
Lect-um fuisse avoir été lu.

FUTUR.
Lect-um iri devoir être lu.

PASSÉ.
Lect-us, a, um, ayant été lu.

Les verbes qui ont le supin actif en um *prennent la terminaison de la 3ᵉ colonne.*

VERBES QUI PRENNENT LA TERMINAISON DE LA 3ᵉ COLONNE.

Demiss-um.
Sepult-um.
Implet-um.
Haust-um.

Les verbes déponens se conjuguent pour le latin comme les verbes de forme passive.

Les verbes déponens qui ont l'infinitif en *ari*, vont sur le modèle des verbes passifs de la 1re colonne. *Imit-ari* va sur *am-ari*.

Les verbes déponens qui ont l'infinitif en *eri*, vont sur le modèle des verbes passifs de la 2me colonne. *Pollic-eri* va sur *Mon-eri*.

Les verbes déponens qui ont l'infinitif en *i*, vont sur le modèle des verbes passifs de la 3me colonne. *Uti* va sur *leg-i*.

Enfin, les verbes déponens qui ont l'infinitif en *iri*, vont sur le modèle des verbes passifs de la 4me colonne. *Bland-iri* va sur *aud-iri*.

Nota. *Après le participe futur passif il faut de plus mettre le participe présent et les gérondifs.*

Comme le supin et ses dérivés sont un peu différens dans les verbes déponens, j'en donnerai le modèle des différentes conjugaisons.

Premier Modèle.   *Deuxième Modèle.*

SUPIN.

Imit-atum à imiter.   Pollic-itum à promettre.
imit-atu à être imité.   pollic-itu à être promis.

INFINITIF.

PARFAIT.   PARFAIT.

Imit-atum esse avoir imité.   Pollic-itum fuisse avoir promis.

FUTUR.   FUTUR.

Imit-aturum esse devoir imiter.   Pollic-iturum esse devoir promettre.

FUTUR PASSÉ.   FUTUR PASSÉ.

Imit-aturum fuisse avoir dû imiter.   Pollic-iturum fuisse avoir dû promettre.

PARTICIPES.

PASSÉ.   PASSÉ.

Imit-atus, a, um, ayant imité.   Pollic-itus, a, um, ayant promis.

FUTUR ACTIF.   FUTUR ACTIF.

Imit-aturus, a, um, devant imiter.   Pollic-iturus, a, um, devant promettre.

Les verbes qui ont le supin en atum *sont de la* 1re *colonne.*   Les verbes qui ont le supin en itum *sont de la* 2me *colonne.*

Troisième Modèle.

Us-um à se servir.
us-u à être employé.

PARFAIT.
Us-um fuisse s'être servi.

FUTUR.
Us-urum esse devoir se servir.

FUTUR PASSÉ.
Us-urum fuisse avoir dû se servir.

PASSÉ.
Us-us, a, um, s'étant servi.

FUTUR ACTIF.
Us-urus, a, um, devant se servir.

Les verbes qui ont le supin en um sont de la 3ᵐᵉ colonne.

FIN.

www.ingramcontent.com/pod-product-compliance
Lightning Source LLC
Chambersburg PA
CBHW060449050426
42451CB00014B/3239